# Affaires criminelles

## Les cas les plus troublants de tueurs en série Japonais

**Florent Vargas**

# SOMMAIRE

# Clause de non-responsabilité

*« Les insectes ne s'attaquent qu'aux lumières qui brillent »*

Le présent texte est une Clause de non-responsabilité s'appliquant à l'intégralité de ce livre. Le lecteur est informé que l'ensemble du contenu de ce livre est fourni à titre non contractuel et strictement destiné à des fins purement informatives.

L'auteur de ce livre ne fournit aucune déclaration, aucun engagement ni aucune garantie d'aucune nature, implicite ou explicite, quant à l'exactitude, la véracité, la fiabilité, l'applicabilité, l'adéquation ou l'exhaustivité des informations présentes dans ce livre. Le contenu de ce livre est susceptible d'avoir été produit et ou traduit à l'aide de mécanismes automatisés. En aucun cas, l'auteur de ce livre ne saurait être tenu responsable de la présence d'imperfections, d'erreurs, d'omissions, ou de l'inexactitude du contenu proposé dans ce livre.

Aucune utilisation des informations présentes dans ce livre, de quelque manière que ce soit, ne saurait ouvrir droit à un quelconque dédommagement ou compensation quel qu'en soit sa nature.

L'auteur de ce livre ne saurait en aucun cas être tenu responsable, d'aucune manière, de tout dommage ou préjudice, de quelque nature que ce soit, direct ou indirect, lié ou non à la négligence, pouvant entre autres, découler de l'utilisation de quelque manière que ce soit des informations contenues dans ce livre, et ce, que l'auteur soit ou non avisé de la possibilité de tels dommages.

Le lecteur demeure, en toutes circonstances, le seul et l'unique responsable de l'utilisation et de l'interprétation des informations figurant dans le présent livre et des conséquences qui pourraient en découler.

Toute utilisation du contenu de ce livre de quelque manière que ce soit s'effectue aux risques et périls du lecteur uniquement et n'engage, en aucun cas, aucune responsabilité d'aucune sorte de l'auteur de ce livre.

Si le lecteur ne comprend pas un mot ou une phrase de la présente Clause de non-responsabilité, ou qu'il n'en accepte pas en partie ou pleinement les termes, il doit obligatoirement renoncer à toute utilisation de ce livre et s'engage à le supprimer ou le détruire sans délai.

# INTRODUCTION

Dans les annales de l'histoire du crime, le Japon a souvent été perçu comme un bastion de la sécurité et de l'ordre, avec une réputation de faible taux de criminalité et un accent mis sur l'harmonie communautaire. Cependant, sous cette surface tranquille se cache un récit plus sombre, ponctué par les actes odieux de certains des tueurs en série les plus notoires au monde. Ce livre plonge dans ces entrailles effrayantes, dévoilant les histoires complexes et souvent horribles d'individus dont les actions ont laissé une marque indélébile sur la société japonaise.

Ce livre est un voyage dans le macabre, explorant la vie et les crimes de quinze vrais tueurs en série qui ont terrorisé le Japon au fil des décennies. Chaque chapitre détaille méticuleusement leurs antécédents, la nature horrible de leurs crimes, la poursuite incessante des forces de l'ordre, les batailles juridiques qui ont suivi et l'impact durable sur les familles des victimes et la communauté au sens large.

Notre exploration commence à la fin du XXe siècle, période marquée par une modernisation rapide et des bouleversements sociaux au Japon. Alors que la nation était aux prises avec sa nouvelle identité mondiale, ces tueurs sont sortis de l'ombre, leurs actions contrastant fortement avec l'image dominante d'une société pacifique. Grâce à des recherches approfondies et à un récit captivant, ce livre vise à faire la lumière sur les facteurs psychologiques, sociaux et culturels qui ont contribué à ces crimes, offrant aux lecteurs une compréhension globale des motivations et des méthodes de chaque tueur.

Ce livre n'est pas seulement un catalogue d'actes criminels ; il s'agit d'un examen des réponses sociétales et judiciaires à ces tragédies. Les procès et les condamnations prononcées dans ces affaires ont souvent suscité un large débat, reflétant la complexité de la justice face à un mal aussi inimaginable. En fouillant dans les archives judiciaires, les reportages des médias et les témoignages personnels, nous cherchons à présenter un compte rendu équilibré et approfondi de chaque cas.

# Tsutomu Miyazaki

*a. Les meurtres horribles*

Tsutomu Miyazaki, tristement célèbre sous le nom de « Meurtrier Otaku », a perpétré une série de crimes horribles qui ont laissé une cicatrice indélébile sur la psyché collective du Japon. Né en 1962 à Ōme, Tokyo, Miyazaki a mené une vie relativement isolée en raison d'une malformation congénitale qui faisait que ses mains étaient fusionnées directement avec ses poignets, conduisant à de graves brimades et à une ostracisation sociale. Sa famille, impliquée dans une entreprise de presse prospère, entretenait une relation distante avec lui, aggravant encore son sentiment d'isolement. Miyazaki s'est retiré dans le monde des mangas et des films d'horreur, où sa fascination pour les images grotesques a commencé à prendre une forme plus sinistre.

Entre août 1988 et juin 1989, Miyazaki a enlevé et assassiné quatre jeunes filles âgées de quatre à sept ans à Saitama et à Tokyo. Sa première victime, Mari Konno, n'avait que quatre ans lorsqu'elle a été attirée dans sa voiture puis étranglée. Miyazaki a ensuite commis des actes nécrophiles sur son cadavre, documentant la scène horrible avec des photographies. Il a démembré son corps, en jetant des parties à divers endroits, et a conservé certains restes comme trophées macabres. Ce schéma d'enlèvement, de meurtre et de profanation s'est horriblement répété avec ses victimes suivantes : Masami Yoshizawa, Erika Namba et Ayako Nomoto.

L'enquête sur ces crimes odieux a été marquée par un sentiment omniprésent de peur et de frustration. La capacité de Miyazaki à échapper à la capture a été facilitée par son apparence apparemment ordinaire et la nature calculée de ses actions. Il envoyait souvent des lettres moqueuses aux familles de ses victimes, détaillant le sort de leurs filles avec des détails effrayants. Ces lettres, accompagnées de photographies des cadavres mutilés, avaient pour but d'amplifier l'agonie des familles endeuillées. Dans un cas particulièrement poignant, Miyazaki a envoyé une carte postale à la famille de Mari Konno, révélant sa dépouille d'une manière à la fois cruelle et méthodique.

L'arrestation de Miyazaki, le 23 juillet 1989, s'est produite presque par hasard lorsqu'il a été surpris en train de tenter d'agresser une jeune fille dans un parc près de chez lui. En fouillant sa résidence, la police a découvert une collection inquiétante de plus de 5 000 bandes vidéo, dont beaucoup montraient des films d'horreur graphiques et des scènes d'une violence extrême. Parmi celles-ci figuraient des vidéos faites maison de ses crimes, renforçant encore davantage les preuves contre lui. La nature détaillée et méticuleuse de ses enregistrements a fourni un sombre aperçu de sa psyché, illustrant une profonde déconnexion de la réalité et une contrainte profondément ancrée à documenter ses atrocités.

*b. Enquête et capture*

L'enquête sur les crimes de Tsutomu Miyazaki a été un processus complexe et ardu qui a duré près d'un an, marqué par un travail policier méticuleux et une intense pression publique. Initialement, les disparitions de jeunes filles dans la préfecture de Saitama ont dérouté les autorités, car il y avait peu de pistes et aucun lien apparent entre les victimes. L'enlèvement de Mari Konno en août 1988 fut la première d'une série de disparitions incluant Masami Yoshizawa, Erika Namba et Ayako Nomoto. Chaque cas présentait un tableau sombre : des jeunes filles disparaissaient sans laisser de trace, souvent en plein jour, laissant les communautés dans un état de peur et de vigilance accrue.

Les forces de l'ordre ont été confrontées à d'importantes difficultés en raison du manque de preuves matérielles et du caractère aléatoire des enlèvements. Le tournant s'est produit lorsque des parties de la dépouille de Mari Konno ont été découvertes, ainsi que les horribles notes envoyées à sa famille. Ces notes établissaient un lien critique, bien que macabre, entre les enfants disparus. La police a reconnu qu'elle avait affaire à un tueur en série, ce qui l'a incité à intensifier ses efforts. Une enquête approfondie dans les zones où les filles ont été vues pour la dernière fois, combinée à des entretiens avec des témoins potentiels, est devenue un élément central de l'enquête. La brutalité des meurtres et les tourments psychologiques infligés aux familles des victimes ont galvanisé les forces de police et la population.

Au fur et à mesure que l'enquête progressait, un groupe de travail a été formé spécifiquement pour s'attaquer à la nature sérielle des crimes. Le groupe de travail a utilisé une combinaison de techniques d'enquête traditionnelles et de méthodes médico-légales émergentes. Un profilage détaillé de l'auteur potentiel a été réalisé, suggérant qu'il s'agissait d'un individu très perturbé ayant une connaissance intime de la région. Les enquêteurs ont également examiné les caractéristiques du moment et du lieu des enlèvements, dans l'espoir de prédire le prochain geste du tueur. Malgré ces efforts, Miyazaki est resté insaisissable, en grande partie grâce à sa sélection minutieuse de lieux éloignés et à sa capacité à se fondre dans la vie ordinaire lorsqu'il ne commet pas ses actes odieux.

La capture de Miyazaki a finalement été précipitée par une combinaison de hasard et d'un travail policier diligent. Le 23 juillet 1989, il a été observé par un groupe de jeunes filles dans un parc de Hachioji, à Tokyo, qui ont signalé son comportement suspect aux autorités. Miyazaki avait tenté de photographier les filles, éveillant leurs soupçons. La police locale a réagi rapidement et a procédé à son arrestation sur place. Cet incident apparemment mineur a dévoilé l'ampleur des crimes de Miyazaki lorsqu'une fouille ultérieure de son véhicule et de son domicile a révélé des preuves incriminantes. Dans sa voiture, la police a trouvé des éléments le liant aux enlèvements, notamment des bandes vidéo et des photographies illustrant la brutalité de ses victimes.

La perquisition de l'appartement de Miyazaki a révélé une mine de preuves encore plus grotesques, qui se sont révélées cruciales pour l'enquête. La police a découvert non seulement d'autres bandes vidéo documentant ses crimes, mais également une collection de parties du corps appartenant à ses victimes, méticuleusement conservées. Ces restes physiques de ses victimes ont fourni une preuve incontestable de sa culpabilité et ont dressé un tableau poignant de sa dépravation. La découverte de ces éléments a choqué même les enquêteurs les plus aguerris et a confirmé l'étendue des troubles psychologiques de Miyazaki. L'appartement contenait également une vaste gamme de films pornographiques et d'horreur violents, qui, selon Miyazaki, auraient influencé ses actions.

Au cours du processus d'interrogatoire, Miyazaki a fait preuve d'un manque de remords effrayant, parlant souvent de ses crimes de manière détachée et clinique. Ses aveux, bien qu'initialement sporadiques, sont devenus plus détaillés au fil du temps, à mesure qu'il révélait les détails de chaque meurtre. La combinaison de ses propres aveux, des preuves matérielles et des évaluations psychologiques menées par des experts a dressé le portrait complet d'un individu profondément perturbé, animé par la contrainte et les fantasmes sadiques. La minutie de l'enquête et l'arrestation éventuelle de Tsutomu Miyazaki témoignent de la persévérance et du dévouement des forces de police japonaises, mettant fin à un chapitre poignant de l'histoire du pays.

Le procès de Tsutomu Miyazaki, qui a débuté en mars 1990, a captivé le Japon et a mis en lumière les liens entre la justice pénale et la santé mentale. Compte tenu de la nature sensationnelle de ses crimes et du tollé général réclamant justice, la salle d'audience était remplie de représentants des médias, d'experts juridiques et de spectateurs curieux. La procédure a commencé avec la présentation par l'accusation d'un aperçu complet des actes odieux de Miyazaki, étayé par les preuves matérielles accablantes recueillies dans son appartement et les aveux faits lors des interrogatoires. Le dossier de l'accusation était solide, détaillant méticuleusement chaque meurtre et les tourments psychologiques infligés aux familles des victimes.

La question de l'état mental de Miyazaki était au cœur du procès. La défense a fait valoir que Miyazaki n'était pas pénalement responsable de ses actes en raison de graves troubles psychologiques. Ils ont présenté un témoignage d'expert suggérant que Miyazaki souffrait de troubles de la personnalité multiple et de schizophrénie, conditions qui auraient altéré sa capacité à distinguer le bien du mal. Cette ligne de défense visait à atténuer la culpabilité de Miyazaki en encadrant ses actions dans le contexte d'une profonde maladie mentale. L'équipe de la défense a souligné son enfance difficile, son isolement social et l'impact de sa difformité physique sur son développement psychologique.

L'accusation a contré la défense d'aliénation mentale en présentant ses propres témoins experts qui contestaient la gravité de la maladie mentale de Miyazaki. Ils ont fait valoir que les crimes de Miyazaki démontraient un niveau élevé de préméditation et de planification, indiquant qu'il était pleinement conscient de la nature et des conséquences de ses actes. Par exemple, la manière méticuleuse avec laquelle il attirait ses victimes, la dissimulation de leurs restes et les lettres de moquerie envoyées aux familles des victimes ont été citées comme preuve de sa cruauté calculée. L'accusation a soutenu que les problèmes psychologiques de Miyazaki ne l'exonéraient pas de sa responsabilité, mais soulignaient plutôt le danger inhérent qu'il présentait pour la société.

Au cours du procès, le comportement de Miyazaki a oscillé entre une indifférence détachée et des explosions bizarres, compliquant encore davantage l'évaluation par le tribunal de son état mental. Parfois, il semblait ne montrer aucun remords, parlant de ses crimes avec un détachement effrayant. À d'autres occasions, il a fait preuve d'un comportement erratique, comme dessiner des personnages de dessins animés et faire des déclarations absurdes. Ces actions ont été examinées à la fois par la défense et par l'accusation, chaque partie les interprétant pour étayer leurs arguments respectifs. La défense a fait valoir que ces comportements étaient des manifestations de sa maladie mentale, tandis que l'accusation les considérait comme des tentatives calculées de manipulation du tribunal.

Le procès s'est étalé sur plusieurs années, avec de nombreux ajournements et appels. En avril 1997, le tribunal du district de Tokyo a rendu un verdict condamnant Tsutomu Miyazaki à mort. Le tribunal a rejeté le plaidoyer d'aliénation mentale, concluant qu'en dépit de ses problèmes psychologiques, Miyazaki possédait la capacité de comprendre le caractère criminel de ses actes et avait agi avec une intention délibérée. Le juge président a souligné l'extrême brutalité des crimes et les souffrances infligées aux victimes et à leurs familles comme facteurs justifiant la peine de mort. Cette décision a suscité des réactions mitigées; alors que de nombreuses personnes dans le public estimaient que justice avait été rendue, certains défenseurs de la santé mentale ont fait valoir que le procès n'avait pas suffisamment pris en compte l'état psychologique de Miyazaki.

L'équipe juridique de Miyazaki a immédiatement fait appel de la sentence, arguant d'erreurs de procédure et réitérant l'allégation d'une responsabilité diminuée en raison de la maladie mentale. Cependant, la cour d'appel a confirmé le verdict initial, tout comme la Cour suprême en 2006. Tout au long de la procédure d'appel, Miyazaki est resté incarcéré, montrant peu de changement dans son comportement. La bataille juridique prolongée a maintenu l'affaire sous les yeux du public, déclenchant des débats permanents sur la peine de mort, le traitement des délinquants souffrant de troubles mentaux et la nature de la justice. Finalement, Tsutomu Miyazaki a été exécuté par pendaison le 17 juin 2008, clôturant ainsi un sombre chapitre de l'histoire judiciaire et pénale du Japon.

# Futoshi Matsunaga

*a. La saga des enlèvements et de la torture*

Les activités criminelles de Futoshi Matsunaga, souvent considéré comme l'un des tueurs en série les plus sadiques du Japon, ont commencé à faire surface au début des années 1990 et se sont poursuivies jusqu'à son arrestation en 2002. Né le 28 avril 1961 à Kurume, préfecture de Fukuoka, le premier la vie était banale, mais il a montré un comportement troublant dès son plus jeune âge. Sa capacité de manipulation et de violence est devenue évidente à mesure qu'il atteignait l'âge adulte, aboutissant finalement à une série d'horribles enlèvements et d'actes de torture qui choqueraient la nation. Les crimes de Matsunaga se caractérisaient par leur extrême cruauté et la domination psychologique qu'il exerçait sur ses victimes.

Le règne de terreur de Matsunaga impliquait principalement son partenaire criminel et petite amie, Junko Ogata, qu'il a rencontré à la fin des années 1980. Ensemble, ils ont orchestré une série d'enlèvements ciblant des individus souvent socialement vulnérables ou liés à eux par des relations personnelles. La première victime connue de Matsunaga était un homme nommé Kouji Toraya, qu'il a kidnappé et torturé en 1993. Matsunaga a exercé un contrôle psychologique sur Toraya, utilisant une combinaison d'intimidation, de violences physiques et de menaces pour garantir le respect. Ce modèle de domination psychologique et physique allait devenir une caractéristique de la méthode criminelle de Matsunaga.

La série de crimes les plus notoires du couple impliquait la torture et le meurtre systématiques de plusieurs membres de la famille de Junko Ogata. Matsunaga a manipulé Ogata en lui faisant croire que les membres de sa famille représentaient une menace pour leur relation et leur avenir ensemble. En 1996, il l'a convaincue d'attirer ses parents, sa sœur et ses deux enfants dans un appartement à Kitakyushu sous divers prétextes. Une fois la famille sous son contrôle, Matsunaga les a soumis à des tortures prolongées. Il a eu recours à des décharges électriques, à la famine et à des coups physiques pour briser leur volonté et les forcer à se soumettre complètement. Les membres de la famille étaient souvent obligés de se torturer les uns les autres sous la direction de Matsunaga, intensifiant ainsi leur souffrance psychologique.

L'épreuve de la famille Ogata s'est étendue sur plusieurs mois, au cours desquels les tendances sadiques de Matsunaga se sont pleinement manifestées. Il les a forcés à vivre dans la misère, leur a refusé les produits de première nécessité et leur a imposé des règles strictes destinées à les déshumaniser et à les dégrader. Son contrôle était si absolu qu'il a contraint

Junko Ogata à participer activement aux abus et aux éventuels meurtres des membres de sa propre famille. Un par un, Matsunaga a orchestré leur mort, souvent par le biais de suicides forcés ou de passages à tabac mortels. Le niveau de manipulation et de cruauté impliqué dans ces actes a démontré la capacité exceptionnelle de Matsunaga à exploiter et à dominer psychologiquement ses victimes.

## b. Preuves clés et arrestation

L'enquête sur les crimes de Futoshi Matsunaga a atteint un tournant critique avec l'émergence de preuves clés qui mèneraient finalement à son arrestation. Ces preuves provenaient principalement du témoignage de l'une de ses victimes survivantes, une jeune femme nommée Aya, qui a réussi à échapper au contrôle de Matsunaga en 2002. Aya, qui avait été soumise à des violences physiques et psychologiques prolongées, a fourni des récits détaillés de la torture et des meurtres. perpétré par Matsunaga et son complice, Junko Ogata. Son évasion et ses déclarations ultérieures ont contribué à alerter les autorités sur l'ampleur des activités criminelles de Matsunaga.

Le témoignage d'Aya était non seulement poignant mais aussi très spécifique, fournissant aux enquêteurs des informations cruciales sur les méthodes de Matsunaga et les lieux où les crimes avaient eu lieu. Elle a décrit les différentes formes de torture infligées à Matsunaga, notamment les décharges électriques et les passages à tabac brutaux, ainsi que la manipulation psychologique qu'il a utilisée pour garder le contrôle sur ses victimes. Les descriptions détaillées d'Aya des abus et la disposition des scènes de crime ont permis à la police d'obtenir des mandats de perquisition pour les propriétés de Matsunaga. Ces fouilles ont révélé des preuves matérielles significatives qui ont corroboré son témoignage et impliqué davantage Matsunaga et Ogata.

Lors des perquisitions dans les propriétés de Matsunaga, la police a découvert une mine de preuves incriminantes. Cela comprenait des instruments de torture tels que des appareils à décharge électrique, des moyens de contention et diverses armes utilisées pour infliger de la douleur et contrôler les victimes. De plus, ils ont trouvé des journaux et des notes rédigés par Matsunaga, qui détaillaient ses fantasmes sadiques et les méthodes qu'il utilisait pour manipuler psychologiquement ses victimes. La découverte de ces documents a donné un aperçu direct de l'état d'esprit de Matsunaga et de son approche préméditée des enlèvements et de la torture. Ces preuves ont joué un rôle essentiel dans l'élaboration d'un dossier démontrant la nature systématique de ses crimes.

L'un des éléments de preuve les plus accablants était les restes physiques de certaines des victimes de Matsunaga, retrouvés dans les différentes propriétés qu'il utilisait pour les emprisonner et les torturer. Ces restes comprenaient des os et d'autres parties du corps qui avaient été méticuleusement cachés ou éliminés pour tenter de dissimuler les meurtres. L'analyse médico-légale a confirmé que les restes appartenaient aux membres disparus de la famille Ogata, reliant directement Matsunaga à leur mort. L'état des restes a également fourni des preuves médico-légales des graves violences physiques subies par les victimes, ce qui concorde avec les récits fournis par des victimes survivantes comme Aya.

L'accumulation de ces preuves, combinée aux témoignages détaillés des survivants, ne laissait guère de doute sur la culpabilité de Matsunaga. Le 6 mars 2002, Matsunaga et Junko Ogata ont été arrêtés par la police préfectorale de Fukuoka. Leur arrestation était une opération soigneusement coordonnée, conçue pour empêcher toute chance de s'échapper ou de nuire davantage aux victimes potentielles. La police a veillé à ce que les deux suspects soient placés en garde à vue simultanément afin d'éviter toute possibilité de communication entre eux qui pourrait perturber l'enquête. Cette arrestation a marqué le point culminant d'une enquête approfondie qui a mobilisé d'importantes ressources policières et attiré l'attention du grand public.

À la suite de ces arrestations, la police a procédé à des interrogatoires approfondis de Matsunaga et d'Ogata, dans le but d'obtenir des aveux complets et de découvrir tout crime supplémentaire qui n'aurait peut-être pas été signalé. Matsunaga a d'abord fait preuve d'un certain degré de coopération, fournissant des détails sur ses méthodes et ses motivations, bien qu'il ait souvent minimisé sa responsabilité et tenté de rejeter la faute sur son complice, Ogata. Malgré ses tentatives pour atténuer sa culpabilité, les preuves accablantes et la cohérence des témoignages des survivants ont permis de mettre en lumière toute l'étendue de ses crimes. L'arrestation et les révélations qui ont suivi ont brossé un tableau complet des activités sadiques de Matsunaga, soulignant l'importance des preuves clés pour mettre fin à son règne de terreur.

*c. Procédures judiciaires et verdict*

Les procédures judiciaires contre Futoshi Matsunaga et Junko Ogata ont débuté en 2003, attirant une intense attention du public et des médias en raison de la nature choquante de leurs crimes. Le procès s'est tenu au tribunal du district de Fukuoka, où l'accusation a méticuleusement présenté les preuves recueillies au cours de l'enquête, y compris les témoignages des victimes survivantes, les preuves médico-légales et les éléments incriminants trouvés dans les propriétés de Matsunaga. L'accusation visait à prouver au-delà de tout doute raisonnable que Matsunaga et Ogata avaient orchestré et exécuté une série d'enlèvements, de séances de torture et de meurtres avec une intention préméditée et une extrême cruauté.

Tout au long du procès, l'accusation a détaillé les manipulations psychologiques et les violences physiques infligées par Matsunaga à ses victimes. Des témoins, y compris des victimes survivantes comme Aya, ont raconté les expériences horribles qu'ils ont endurées, fournissant des témoignages directs sur la torture et le contrôle exercé par Matsunaga. Le témoignage d'Aya était particulièrement convaincant, car elle décrivait la nature systématique des abus, les méthodes brutales utilisées par Matsunaga pour infliger de la douleur et les tactiques psychologiques qu'il employait pour briser la volonté de ses victimes. Ces témoignages ont été corroborés par des preuves médico-légales, notamment les blessures documentées sur les victimes survivantes et les dépouilles des défunts.

L'équipe de défense de Matsunaga a tenté d'atténuer sa culpabilité en arguant qu'il souffrait de graves troubles psychologiques qui altèrent son jugement et son contrôle sur ses actes. Ils ont présenté des évaluations psychiatriques suggérant que Matsunaga présentait des traits de trouble de la personnalité antisociale et d'autres problèmes de santé mentale. La défense visait à présenter Matsunaga comme un individu profondément troublé dont le comportement criminel était influencé par ses problèmes de santé mentale. Cette ligne de défense visait à susciter un certain degré de sympathie de la part du tribunal et potentiellement à réduire la sévérité de sa peine.

Cependant, l'accusation a contré ces arguments en soulignant la nature calculée et préméditée des crimes de Matsunaga. Ils ont fait valoir que ses actions démontraient une compréhension claire de leur criminalité et un effort délibéré pour éviter d'être détecté. Par exemple, l'élimination méticuleuse par Matsunaga des dépouilles des victimes et les mesures qu'il a prises pour dissimuler les preuves ont été citées comme preuve de son intention consciente et de sa conscience. De plus, l'accusation a souligné la coercition exercée par Matsunaga sur Junko Ogata et d'autres complices, démontrant sa capacité à manipuler et à contrôler les autres pour poursuivre ses objectifs sadiques. Ce récit a miné l'argument de la défense selon lequel la responsabilité était diminuée en raison de la maladie mentale.

La procédure judiciaire s'est également concentrée sur le rôle de Junko Ogata, accusé d'avoir participé activement aux crimes. La défense d'Ogata a fait valoir qu'elle avait été victime de la manipulation et de la coercition de Matsunaga, agissant sous la contrainte et sous contrôle psychologique. Ils ont présenté des preuves des antécédents d'abus d'Ogata de la part de Matsunaga, y compris des violences physiques et des menaces, pour étayer leur affirmation. Cependant, l'accusation a soutenu qu'Ogata avait volontairement participé aux crimes, soulignant des cas où elle avait activement facilité la torture et le meurtre de membres de sa propre famille. Le tribunal a dû examiner attentivement l'étendue du pouvoir d'action et de la culpabilité d'Ogata dans le contexte de l'influence de Matsunaga sur elle.

En septembre 2005, le tribunal du district de Fukuoka a rendu son verdict, condamnant Futoshi Matsunaga à mort pour son rôle dans l'orchestration et la commission de ces crimes odieux. Le tribunal a déclaré Matsunaga coupable de plusieurs chefs d'accusation de meurtre, d'enlèvement et de torture, soulignant l'extrême brutalité et la nature préméditée de ses actes. Le verdict souligne le rejet par le tribunal de l'argument de la défense concernant la santé mentale de Matsunaga, concluant que ses crimes étaient délibérés et calculés. Junko Ogata a été condamnée à la réclusion à perpétuité, le tribunal reconnaissant sa victimisation mais également sa participation active aux crimes. La procédure judiciaire et le verdict ont mis en évidence l'engagement du système judiciaire à rendre justice aux victimes et à leurs familles, tout en abordant les complexités de la manipulation psychologique et de la coercition dans le contexte de la responsabilité pénale.

# Hiroaki Hidaka

*a. La série de meurtres*

La série de meurtres perpétrés par Hiroaki Hidaka, entre 1996 et 1998, constitue un exemple frappant de violence calculée et de son profond impact sur la société japonaise. Né le 2 février 1971 à Nagoya, Hidaka a d'abord mené une vie apparemment ordinaire, mais des problèmes psychologiques sous-jacents le pousseront finalement à commettre des actes de meurtre brutaux. Ses crimes se sont déroulés principalement à Tokyo et dans la préfecture de Saitama, ciblant les femmes qu'il considérait comme vulnérables ou en position de servitude. Le modus operandi de Hidaka impliquait de sélectionner des victimes qui travaillaient dans l'industrie du divertissement pour adultes, les invitant souvent dans des lieux isolés sous couvert d'opportunités d'emploi ou de relations personnelles.

La première victime connue de Hidaka était une femme de 23 ans nommée Yukari Yokoyama, qu'il a attirée dans un hôtel de Tokyo sous de faux prétextes en août 1996. Une fois sur place, il l'a étranglée à mort et s'est débarrassée de son corps dans une région reculée. . La disparition de Yokoyama a d'abord intrigué les enquêteurs, car il n'y avait aucune piste immédiate la reliant à un acte criminel. Cependant, les disparitions ultérieures de femmes ayant des antécédents et des schémas de dernier contact similaires ont alarmé les forces de l'ordre et le public.

L'approche méthodique de Hidaka face au meurtre est devenue de plus en plus évidente au fur et à mesure que l'enquête se déroulait. Il a méticuleusement planifié chaque enlèvement, sélectionnant soigneusement les endroits offrant un risque minimal de détection et les sites d'élimination où les corps pourraient être dissimulés. La découverte des restes des victimes, souvent dans des zones boisées isolées ou dans des bâtiments désaffectés, portait la marque de ses efforts délibérés pour échapper à la capture. Les preuves médico-légales recueillies sur ces scènes de crime, notamment l'analyse de l'ADN et la récupération des effets personnels appartenant aux victimes, ont joué un rôle crucial dans l'établissement du lien entre Hidaka et les meurtres.

Le profil psychologique de Hidaka, développé à travers des entretiens avec des connaissances et l'analyse de son histoire personnelle, a révélé des schémas troublants révélateurs d'un individu profondément perturbé. Les rapports indiquaient qu'il nourrissait du ressentiment envers les femmes, les considérant sous un angle d'exploitation et d'objectivation. Cet état d'esprit a été exacerbé par son immersion dans l'industrie du divertissement pour adultes, où il avait des contacts réguliers avec des femmes qu'il a ensuite ciblées. La capacité de Hidaka à maintenir une façade de normalité dans sa vie personnelle et professionnelle a encore compliqué les efforts visant à l'appréhender, car il a échappé aux soupçons tout en continuant à perpétrer ses crimes.

L'enquête sur les meurtres de Hidaka s'est intensifiée suite à la disparition de nouvelles victimes et à la pression croissante de l'opinion publique. Les forces de l'ordre ont coordonné leurs efforts pour recueillir des renseignements, effectuer une surveillance et déployer une expertise médico-légale afin d'identifier des modèles et des pistes potentielles. L'approche collaborative entre différentes juridictions, notamment la police métropolitaine de Tokyo et la police préfectorale de Saitama, s'est avérée essentielle pour reconstituer la chronologie des crimes de Hidaka et déterminer où il se trouve.

## b. Poursuite et arrestation par la police

La poursuite et l'arrestation éventuelle de Hiroaki Hidaka par les forces de l'ordre japonaises représentent un effort méticuleux et coordonné visant à traduire en justice un tueur en série. Les activités criminelles de Hidaka, qui se sont étendues de 1996 à 1998, ont constitué un défi important pour les autorités en raison de la nature calculée de ses meurtres et de ses tactiques stratégiques d'évasion. L'enquête a débuté de manière intensive après la disparition de plusieurs femmes, principalement issues de l'industrie du divertissement pour adultes, les premiers soupçons faisant état de liens potentiels entre les affaires. Alors que la tendance aux disparitions devenait plus prononcée, les services de police de Tokyo et de la préfecture de Saitama ont collaboré pour mettre en commun leurs ressources et leur expertise dans la poursuite de l'auteur insaisissable.

La clé de la poursuite d'Hidaka était le développement d'une stratégie d'enquête globale intégrant le travail policier traditionnel avec des techniques médico-légales avancées. Cette approche impliquait de mener des entretiens approfondis avec des témoins, d'analyser les preuves sur les lieux du crime et de tirer parti des technologies émergentes pour la surveillance et l'analyse de l'ADN. La coordination entre les équipes d'enquête de différentes juridictions a été cruciale pour établir des modèles et identifier des pistes potentielles susceptibles de préciser l'identité et le lieu où se trouve Hidaka.

La capacité de Hidaka à échapper à toute détection pendant une période prolongée souligne son approche prudente et méthodique du crime. Il a méticuleusement planifié chaque enlèvement et meurtre, minimisant les risques d'exposition en sélectionnant soigneusement des endroits éloignés pour se débarrasser des corps des victimes. Cette stratégie délibérée, associée à son attitude extérieure apparemment ordinaire, représentait un formidable défi pour les forces de l'ordre chargées de traquer un individu hautement insaisissable et dangereux. Cependant, la persistance des efforts de la police a progressivement commencé à défaire la façade de Hidaka et à révéler la nature méticuleuse de ses opérations criminelles.

La percée dans la poursuite d'Hidaka a été réalisée grâce à une surveillance diligente et à la collecte de renseignements. Des détectives de la police métropolitaine de Tokyo et de la police préfectorale de Saitama ont collaboré à une opération de surveillance ciblant les zones où Hidaka était connu pour fréquenter ou où des disparitions récentes avaient eu lieu. Cette approche proactive s'est avérée payante lorsque, en juillet 1998, des policiers ont observé Hidaka adopter un comportement suspect conforme à son mode opératoire. Agissant rapidement et de manière décisive, les forces de l'ordre ont appréhendé Hidaka alors qu'il tentait d'éliminer les preuves liées à sa dernière victime.

L'arrestation de Hidaka a fourni aux enquêteurs une occasion cruciale de rassembler des preuves médico-légales et de mener des interrogatoires visant à obtenir des aveux et à monter un dossier pouvant faire l'objet de poursuites. La coopération ultérieure de Hidaka et son aveu de culpabilité ont facilité la récupération de preuves supplémentaires le liant définitivement à la série de meurtres. Cet effort de collaboration entre les forces de l'ordre, soutenu par l'expertise médico-légale et le soutien de la communauté, a illustré la résilience et la détermination des autorités japonaises face à de graves menaces criminelles et pour sauvegarder la sécurité publique.

*c. Processus judiciaire et sanctions*

Le processus judiciaire et le châtiment qui a suivi à l'encontre de Hiroaki Hidaka après son arrestation en juillet 1998 ont représenté une phase critique dans l'établissement de la justice pour sa série de meurtres. L'affaire contre Hidaka, fondée sur des preuves médico-légales substantielles, des témoignages et ses propres aveux, a progressé dans le système juridique japonais avec un examen minutieux et le respect d'une procédure régulière. Le tribunal du district de Tokyo a été chargé de superviser le procès, qui a véritablement commencé pour déterminer la culpabilité de Hidaka et la peine appropriée pour ses crimes odieux.

Au cœur de la procédure judiciaire se trouvait la présentation par l'accusation des preuves méticuleusement rassemblées au cours de l'enquête. Cela comprenait une analyse médico-légale liant Hidaka aux meurtres grâce à des preuves ADN trouvées sur les scènes de crime, ainsi que des artefacts physiques récupérés dans les endroits où les restes des victimes ont été découverts. La stratégie de l'accusation visait à établir au-delà de tout doute raisonnable l'implication directe de Hidaka dans les enlèvements, les tortures et les meurtres de plusieurs victimes sur une période de deux ans. Les témoignages de survivants et d'individus associés à Hidaka ont également apporté des informations cruciales sur son mode opératoire et l'impact psychologique de ses actes sur ses victimes et leurs familles.

L'équipe de défense de Hidaka a réfuté les arguments de l'accusation en mettant l'accent sur son état psychologique au moment des crimes. Ils ont présenté des évaluations psychiatriques suggérant que Hidaka souffrait de problèmes de santé mentale qui altèrent son jugement et son contrôle sur ses actions. Cette stratégie de défense visait à atténuer sa culpabilité et potentiellement à atténuer la sévérité de sa punition. Cependant, l'accusation a fait valoir qu'en dépit d'éventuels troubles psychologiques, la planification et l'exécution délibérées des meurtres par Hidaka démontraient une compréhension claire de leur criminalité et un mépris calculé pour la vie humaine.

Tout au long du procès, le tribunal a également examiné les antécédents et l'histoire personnelle de Hidaka afin de mieux comprendre les facteurs qui ont contribué à son comportement criminel. Les rapports indiquent que Hidaka a eu une éducation difficile et a eu des difficultés avec les relations interpersonnelles, ce qui peut avoir influencé son attitude envers les femmes et sa propension à la violence. Ces informations ont joué un rôle essentiel dans la contextualisation des actions de Hidaka dans un cadre plus large de facteurs psychologiques et sociaux qui ont contribué à sa conduite criminelle.

En avril 2000, le tribunal du district de Tokyo a rendu son verdict, déclarant Hiroaki Hidaka coupable de plusieurs chefs d'accusation de meurtre, d'enlèvement et de torture. La décision du tribunal était basée sur les preuves accablantes présentées par l'accusation, y compris les propres aveux de Hidaka lors des interrogatoires. La gravité des crimes de Hidaka, caractérisés par leur brutalité et leur nature préméditée, a pesé lourdement dans les considérations du tribunal en matière de détermination de la peine. En juillet 2002, Hidaka a été condamné à mort par pendaison, marquant le point culminant d'un processus judiciaire visant à garantir que les responsables de ses atrocités soient tenus responsables et à fournir une mesure de clôture aux familles des victimes et aux communautés affectées.

# Akira Nishiguchi

*a. La vague de meurtres*

La vague de meurtres perpétrés par Akira Nishiguchi au Japon, entre 1991 et 1995, reste un témoignage effrayant de la profondeur de la dépravation humaine et de son impact dévastateur sur les victimes et leurs familles. Né le 13 mars 1966 dans la préfecture de Hyogo, la jeunesse de Nishiguchi semblait banale, mais des troubles psychologiques sous-jacents se manifesteraient plus tard par une série de meurtres brutaux. Ses crimes visaient des jeunes femmes, principalement dans la région du Kansai, qu'il traquait et attaquait avec une précision calculée. Le modus operandi de Nishiguchi consistait à attirer les victimes dans des endroits isolés sous de faux prétextes, où il commettait ensuite des actes d'une violence extrême.

Le premier meurtre documenté attribué à Nishiguchi s'est produit en 1991, lorsqu'il a tué une femme de 23 ans nommée Kaori Hirohata dans la préfecture de Hyogo. Nishiguchi avait suivi Hirohata après l'avoir repérée dans un centre commercial, puis lui avait tendu une embuscade et l'avait mortellement poignardée dans un parking. Cette méthode visant à cibler et à surprendre ses victimes deviendra une tendance récurrente dans ses crimes ultérieurs. Au cours des années suivantes, Nishiguchi a intensifié ses attaques, sélectionnant méticuleusement les cibles vulnérables et employant diverses ruses pour gagner leur confiance avant de perpétrer des actes d'une violence extrême.

L'escalade des crimes de Nishiguchi a coïncidé avec une tendance croissante au harcèlement criminel et à une planification méticuleuse. Il surveillait souvent les routines et les mouvements de ses victimes, exploitant les opportunités de frapper lorsqu'elles étaient les plus vulnérables et isolées. Ce comportement prédateur s'est étendu à l'élimination prudente des preuves et aux efforts visant à échapper à la détection par les forces de l'ordre. Le caractère calculé de ses attaques démontrait un haut niveau de préméditation et une inquiétante capacité de manipulation et de contrôle sur ses victimes.

L'enquête sur les meurtres de Nishiguchi a été marquée par les efforts minutieux déployés par les forces de l'ordre pour relier les points entre des cas apparemment isolés de violence contre les femmes. À mesure que de nouvelles victimes étaient découvertes, des schémas sont apparus qui liaient les crimes à un seul auteur. Les preuves médico-légales, notamment l'analyse ADN et les témoignages, ont joué un rôle crucial dans l'établissement de l'identité de Nishiguchi et dans la cartographie de ses mouvements lors de la commission de chaque meurtre. Les efforts de collaboration entre les services de police locaux et les unités d'enquête ont permis d'adopter une approche globale pour suivre les activités de Nishiguchi et rassembler les preuves nécessaires aux poursuites.

L'arrestation de Nishiguchi en 1995 a marqué une avancée significative dans l'enquête. À la suite d'une opération de surveillance intensive, les forces de l'ordre l'ont arrêté alors qu'il tentait de détruire des preuves concernant sa dernière victime. L'arrestation a fourni aux autorités une occasion cruciale d'interroger Nishiguchi et de recueillir davantage de détails sur ses motivations, ses méthodes et l'étendue de ses activités criminelles. Ses aveux éventuels lors des interrogatoires de police ont confirmé son implication dans de multiples meurtres et ont donné un aperçu des motivations psychologiques qui sous-tendent son comportement violent.

## b. *Réponse des forces de l'ordre*

La réponse des forces de l'ordre à la vague de meurtres d'Akira Nishiguchi au Japon de 1991 à 1995 a été caractérisée par une enquête méticuleuse, une collaboration entre plusieurs agences et l'application de techniques médico-légales évolutives pour appréhender l'auteur. Les crimes de Nishiguchi, qui visaient des jeunes femmes de la région du Kansai, présentaient initialement un défi en raison de leur nature sporadique et de l'absence de schémas clairs reliant les cas individuels. Cependant, à mesure que le nombre de victimes augmentait et que les similitudes dans les modes opératoires devenaient évidentes, les forces de l'ordre ont intensifié leurs efforts pour relier les points et identifier un fil conducteur entre les crimes.

La réponse des services de police locaux a consisté à coordonner le partage d'informations et à déployer des ressources pour enquêter de manière approfondie sur chaque cas. Les détectives se sont concentrés sur la compilation de profils complets des victimes et sur l'analyse de leurs antécédents pour discerner tout lien potentiel qui pourrait aider à identifier l'agresseur. Cette approche collaborative a jeté les bases d'un examen systématique des preuves et des témoignages, qui a finalement contribué à construire un récit cohérent autour des activités criminelles de Nishiguchi.

Les progrès de la médecine légale ont joué un rôle central dans la réponse des forces de l'ordre aux meurtres. L'analyse ADN, en particulier, est apparue comme un outil essentiel pour établir des liens entre les scènes de crime et identifier Nishiguchi comme dénominateur commun dans de multiples homicides. À mesure que la technologie médico-légale s'est améliorée tout au long de l'enquête, les forces de l'ordre ont pu tirer parti de ces progrès pour confirmer les soupçons et identifier les suspects potentiels. La collecte et l'analyse méticuleuses de preuves physiques, notamment de fibres, d'échantillons de sang et d'autres éléments traces, ont fourni des pistes cruciales qui ont permis de reconstituer la chronologie et les circonstances de chaque crime.

L'enquête sur les meurtres de Nishiguchi a également bénéficié des progrès du profilage comportemental et de la psychologie criminelle. Les profileurs ont collaboré avec des équipes d'enquête pour mieux comprendre les motivations, les méthodes et la constitution psychologique de l'agresseur. Cette approche interdisciplinaire a permis aux forces de l'ordre d'anticiper les comportements de Nishiguchi, de prédire les cibles potentielles futures et d'affiner leurs stratégies d'arrestation et de prévention. En comprenant les facteurs psychologiques sous-jacents à l'origine des actions violentes de Nishiguchi, les forces de l'ordre ont été mieux équipées pour adapter leurs techniques d'enquête et leurs réponses opérationnelles.

*c. Batailles juridiques et condamnation*

Les batailles juridiques et la condamnation éventuelle d'Akira Nishiguchi pour sa série de meurtres au Japon de 1991 à 1995 ont marqué un chapitre important dans le système de justice pénale du pays, caractérisé par des procédures judiciaires méticuleuses et la présentation de preuves convaincantes contre l'auteur. Après son arrestation en 1995, Nishiguchi a été jugé devant le tribunal de district compétent, où l'accusation a minutieusement exposé son dossier. La procédure judiciaire s'est concentrée sur l'établissement de la culpabilité de Nishiguchi au-delà de tout doute raisonnable, en utilisant une combinaison de preuves médico-légales, de témoignages et de ses propres aveux pour étayer les accusations portées contre lui.

Les conclusions médico-légales qui liaient définitivement Nishiguchi aux meurtres étaient au cœur de la stratégie de l'accusation. L'analyse ADN des preuves biologiques récupérées sur les scènes de crime a joué un rôle central dans l'établissement de sa présence et de son implication. Ces preuves scientifiques, associées aux récits détaillés des victimes et des témoins survivants, ont dressé un tableau saisissant de l'approche méthodique de Nishiguchi pour traquer, enlever et finalement assassiner ses victimes. La présentation systématique de ces preuves par l'accusation visait à ne laisser aucun doute sur la culpabilité de Nishiguchi et sur l'étendue de ses actes criminels.

Tout au long du procès, l'équipe de défense de Nishiguchi a contré les arguments de l'accusation en soulignant les incohérences dans les témoignages et en remettant en question la fiabilité des preuves médico-légales. Ils cherchaient à semer le doute sur l'état mental de Nishiguchi au moment des crimes, suggérant des facteurs potentiels susceptibles d'atténuer sa responsabilité. Cependant, les réfutations complètes de l'accusation, étayées par des témoignages d'experts et des contre-interrogatoires, visaient à démanteler ces défenses et à renforcer la cohérence de leur argument contre Nishiguchi.

Le processus judiciaire a également examiné les antécédents et le profil psychologique de Nishiguchi, cherchant à contextualiser ses actions dans un cadre plus large d'histoire personnelle et de motivations comportementales. Les rapports et avis d'experts présentés lors du procès ont présenté Nishiguchi comme un individu souffrant de troubles psychologiques profonds, potentiellement influencés par des facteurs sociaux et environnementaux. Même si ces informations ont fourni un contexte, elles n'ont pas absous Nishiguchi de toute responsabilité pour ses actes de violence délibérés et calculés contre de multiples victimes.

En avril 1997, le tribunal du district de Tokyo a rendu son verdict, déclarant Akira Nishiguchi coupable de plusieurs chefs d'accusation de meurtre, d'enlèvement et d'accusations connexes. La décision du tribunal a été éclairée par le poids cumulé des preuves présentées au cours du procès, y compris les propres aveux de culpabilité de Nishiguchi et les conclusions médico-légales corroborantes. La gravité des crimes et leur impact sur les familles des victimes ont pesé lourdement dans les considérations du tribunal en matière de détermination de la peine. Par la suite, Nishiguchi a été condamné à mort par pendaison, ce qui reflète la gravité de ses délits et l'engagement du système judiciaire à faire respecter la justice.

Les batailles juridiques et la condamnation éventuelle d'Akira Nishiguchi ont souligné l'application rigoureuse d'une procédure régulière et la poursuite de la justice au sein du cadre judiciaire japonais. Le procès représentait le point culminant d'efforts d'enquête approfondis, d'expertise médico-légale et d'un travail d'équipe collaboratif entre les organismes chargés de l'application de la loi. Il a également souligné la résilience et la détermination des professionnels du droit à garantir que les responsables des actes de violence graves soient tenus responsables et à mettre un terme aux personnes touchées par les crimes de Nishiguchi.

# Seito Sakakibara

*a. Actes horribles commis*

Les actes horribles de Seito Sakakibara, commis au Japon au printemps 1997, ont choqué la nation et laissé une marque indélébile dans sa conscience collective. À l'âge de 14 ans, Sakakibara a perpétré une série de crimes violents à Kobe, dans la préfecture de Hyogo, notamment le meurtre brutal de deux jeunes enfants. Sa première victime connue était un garçon de 11 ans nommé Jun Hase, que Sakakibara a attiré dans une zone isolée sous de faux prétextes avant de l'attaquer sauvagement avec un couteau. Cet acte de violence insensé a marqué le début d'une frénésie courte mais dévastatrice qui terroriserait la communauté et défierait toute compréhension.

Peu de temps après le meurtre de Jun Hase, Sakakibara a intensifié sa brutalité en ciblant une école primaire de Kobe, où il a horriblement assassiné une fillette de 10 ans nommée Ayaka Yamashita. Sakakibara a laissé une note effrayante sur les lieux du crime, narguant les autorités et décrivant ses intentions de tuer à nouveau. La découverte de cette note a intensifié la panique et la peur des habitants de Kobe, car elle signalait la présence d'un individu dangereux, capable de violence préméditée et de cruauté calculée. La nature méthodique des attaques de Sakakibara, associée à l'audace de laisser derrière lui des messages écrits, a souligné la profondeur de son psychisme perturbé et son désir d'instiller la terreur.

Les forces de l'ordre se sont rapidement mobilisées en réponse au règne de terreur de Sakakibara, lançant une chasse à l'homme à grande échelle pour appréhender l'insaisissable auteur. L'enquête s'est étendue à Kobe et aux régions voisines, employant des ressources considérables et déployant des unités spécialisées pour passer au peigne fin les pistes et les preuves potentielles. L'urgence des recherches a été renforcée par le tollé croissant du public et l'attention des médias, qui exigeaient une justice rapide et des garanties de sécurité de la communauté à la suite de telles violences insensées.

L'arrestation de Sakakibara en juin 1997 a marqué un tournant crucial dans l'enquête. À la suite d'une opération de surveillance méticuleusement orchestrée, les forces de l'ordre ont identifié et arrêté Sakakibara, qui a d'abord nié toute implication, mais a ensuite avoué les crimes au cours d'un interrogatoire intense. Son arrestation a fourni aux autorités des informations cruciales sur les motivations de ses actes odieux et sur les facteurs qui ont précipité sa descente dans la violence à un si jeune âge.

La procédure judiciaire qui a suivi l'arrestation de Sakakibara visait à le tenir responsable des atrocités qu'il avait commises. Malgré sa jeunesse, Sakakibara a été jugé comme un adulte en raison de la gravité de ses crimes et du tollé général pour que justice soit rendue. Le procès s'est concentré sur la présentation méticuleuse des preuves retenues contre lui, y compris les conclusions médico-légales le liant aux scènes de crime et ses propres aveux détaillés. L'atmosphère de la salle d'audience était chargée d'émotion alors que l'accusation et la défense se disputaient sur l'étendue de la culpabilité de Sakakibara et la punition appropriée pour ses actes.

En mars 1998, le tribunal du district de Kobe a rendu son verdict, déclarant Seito Sakakibara coupable, entre autres, des meurtres de Jun Hase et Ayaka Yamashita. La décision du tribunal reflète la gravité des crimes de Sakakibara et leur profond impact sur les familles des victimes et sur la communauté au sens large. Malgré son jeune âge au moment des faits, Sakakibara a été condamné à un placement en institution pour une durée indéterminée dans le cadre du système de justice pour mineurs du Japon, qui visait à le réhabiliter tout en garantissant la sécurité publique. Le cas de Seito Sakakibara reste un rappel poignant de la complexité de la délinquance juvénile et du traumatisme persistant infligé par des actes de violence insensée.

*b. Capture et évaluation psychologique*

Après la capture de Seito Sakakibara en juin 1997, les forces de l'ordre ont lancé une approche multiforme incluant une évaluation psychologique pour comprendre les motivations et l'état psychologique de l'auteur responsable des meurtres brutaux de Kobe, au Japon. L'arrestation de Sakakibara est intervenue après un effort de surveillance intensif qui l'a identifié comme le principal suspect sur la base de preuves circonstancielles et d'un profilage comportemental. L'arrestation a fourni aux autorités une occasion cruciale de se pencher sur les antécédents de Sakakibara, sa santé mentale et les facteurs potentiels contribuant à son comportement violent.

Les évaluations psychologiques menées lors de l'interrogatoire initial de Sakakibara visaient à démêler les complexités de son psychisme et à faire la lumière sur les motifs sous-jacents de ses crimes. Des professionnels de la santé mentale et des psychologues légistes ont mené des entretiens et des évaluations approfondis pour déterminer l'état mental de Sakakibara au moment des meurtres et explorer tout trouble psychologique ou anomalie de comportement qui aurait pu influencer ses actions. Ces évaluations ont joué un rôle crucial dans l'élaboration des procédures judiciaires ultérieures et dans les décisions éclairées concernant la responsabilité de Sakakibara et son traitement au sein du système de justice pour mineurs.

Les résultats de l'évaluation psychologique de Sakakibara ont révélé des informations troublantes sur son bien-être mental et émotionnel. Les rapports ont indiqué que Sakakibara présentait des signes de profonde détresse psychologique, notamment des tendances à l'agressivité, au retrait social et des difficultés à nouer des relations interpersonnelles. Ces caractéristiques, associées à des antécédents de dynamique familiale troublée et de problèmes de comportement à l'école, dressent le portrait d'un individu en difficulté aux prises avec des troubles psychologiques profondément enracinés.

L'évaluation psychologique a également mis en évidence la présence de potentiels troubles psychiatriques pouvant avoir contribué au comportement violent de Sakakibara. Certaines informations suggèrent qu'il présentait des symptômes correspondant à certains troubles de la personnalité ou à des troubles de l'humeur, qui auraient pu altérer son jugement et contribuer à sa propension aux actes d'agression. Les conclusions de l'évaluation ont souligné la complexité de traiter les problèmes de santé mentale dans le contexte de la responsabilité pénale et les défis liés à la détermination des interventions appropriées pour les mineurs impliqués dans des délits graves.

Au-delà des évaluations cliniques, l'évaluation psychologique de Sakakibara impliquait une analyse rétrospective de son éducation et des influences environnementales. Les rapports indiquent qu'il a connu une instabilité et un traumatisme importants au cours de ses années de formation, ce qui pourrait avoir exacerbé ses vulnérabilités psychologiques et contribué au développement de mécanismes d'adaptation inadaptés. Ces informations sur les premières expériences de vie de Sakakibara ont permis de mieux comprendre les facteurs qui ont façonné sa trajectoire comportementale et d'éclairer les considérations relatives à sa réadaptation et à son traitement à long terme.

*c. Procès devant le tribunal pour mineurs*

Le procès pour mineurs de Seito Sakakibara, mené à la suite de son arrestation pour les meurtres commis à Kobe, au Japon, en 1997, a représenté une procédure judiciaire cruciale marquée par des considérations complexes d'âge, de responsabilité pénale et d'impact sociétal. Étant donné le jeune âge de Sakakibara au moment des faits (14 ans), son affaire relevait de la compétence du système de justice pour mineurs du Japon, qui vise à réhabiliter les mineurs tout en équilibrant la responsabilité pour les crimes graves. Le procès s'est déroulé dans un contexte d'indignation publique et d'attention médiatique, alors que la communauté était aux prises avec la nature choquante des crimes de Sakakibara et leurs implications pour la justice pour mineurs.

La procédure a débuté lorsque l'accusation a présenté des arguments convaincants contre Sakakibara, s'appuyant sur des preuves médico-légales, des témoignages et ses propres aveux pour établir sa culpabilité. L'atmosphère de la salle d'audience était tendue, alors que les professionnels du droit et les observateurs scrutaient le procès en cours, qui cherchait à comprendre les complexités de la tenue d'un mineur responsable d'infractions aussi graves. La stratégie de l'accusation s'est concentrée sur la gravité et la nature préméditée des actes de Sakakibara, dans le but d'obtenir une condamnation reflétant la gravité de ses crimes tout en adhérant aux principes de la justice pour mineurs.

L'équipe de défense de Sakakibara a répliqué avec des arguments centrés sur son âge, son état psychologique et les facteurs atténuants potentiels qui pourraient influencer les délibérations du tribunal. Ils ont présenté des preuves issues d'évaluations psychiatriques et de témoignages d'experts, soulignant l'éducation difficile de Sakakibara, ses vulnérabilités psychologiques et les facteurs potentiels contribuant à son comportement inapproprié. La défense a cherché à présenter Sakakibara comme le produit de son environnement et de ses circonstances, exhortant le tribunal à envisager la clémence et la réhabilitation plutôt que des mesures punitives strictes.

Les procédures judiciaires ont également porté sur l'interprétation du cadre juridique japonais pour les délinquants juvéniles, qui équilibre la réhabilitation et la responsabilité. Le tribunal a délibéré sur l'applicabilité des mesures punitives par rapport aux interventions thérapeutiques dans le cas de Sakakibara, en pesant le besoin de sécurité publique avec des considérations sur son potentiel de réhabilitation et de réintégration dans la société. Le procès a mis en lumière des débats sociétaux plus larges sur l'efficacité des systèmes de justice pour mineurs dans le traitement des délits graves et violents commis par des mineurs, en particulier dans des affaires aussi médiatisées et chargées d'émotion que celle de Sakakibara.

En mars 1998, le tribunal du district de Kobe a rendu son verdict dans l'affaire Sakakibara, le déclarant coupable des meurtres de Jun Hase et Ayaka Yamashita, ainsi que des accusations connexes. La décision du tribunal reflète un équilibre entre la reconnaissance de la gravité des crimes de Sakakibara et la reconnaissance de son statut de mineur délinquant, le soumettant à une peine d'institutionnalisation d'une durée indéterminée. Ce résultat a souligné l'engagement du tribunal à faire respecter la justice tout en offrant des opportunités de réadaptation et de traitement psychologique visant à s'attaquer aux facteurs sous-jacents contribuant au comportement violent de Sakakibara.

Le procès pour mineurs de Seito Sakakibara reste un exemple poignant des complexités inhérentes à la navigation entre la jeunesse, la responsabilité pénale et les attentes sociétales au sein du système juridique. Il a suscité des discussions sur les réformes des politiques de justice pour mineurs et les interventions visant à prévenir et à traiter les délits violents commis par des mineurs. L'affaire continue de servir de référence pour évaluer l'efficacité des mesures de réadaptation dans la lutte contre la délinquance juvénile, mettant en évidence les défis actuels et les opportunités d'amélioration des réponses juridiques et sociales aux jeunes délinquants.

# Koichi Shoji



*a. Contexte et motivations*

Le parcours et les motivations de Koichi Shoji, qui ont culminé avec sa série de meurtres au Japon dans les années 1960, constituent une étude de cas convaincante sur l'intersection de l'histoire personnelle, des facteurs psychologiques et du comportement criminel. Né en 1944 à Tokyo, Shoji a connu une éducation mouvementée caractérisée par la discorde et l'instabilité familiale. Son enfance a été marquée par des relations tendues avec ses parents, ses frères et sœurs, contribuant à un sentiment d'aliénation et de troubles émotionnels qui se manifesteront plus tard par des actes de violence. Les évaluations psychiatriques menées après son arrestation ont révélé des antécédents de troubles psychologiques et de problèmes de comportement, suggérant des facteurs sous-jacents qui pourraient avoir influencé sa descente dans la criminalité.

Les motivations de Shoji pour commettre le meurtre semblaient enracinées dans une interaction complexe de griefs personnels, de détresse psychologique et d'une vision du monde déformée. Son premier meurtre connu a eu lieu en 1966, lorsqu'il a tué une étudiante universitaire en la poignardant à plusieurs reprises. Ce premier acte de violence a été suivi de plusieurs autres meurtres au cours des années suivantes, chacun caractérisé par un schéma similaire de brutalité et un manque de remords. Les rapports indiquent que Shoji ciblait des victimes qui étaient souvent des étrangers, les sélectionnant sur la base de griefs perçus ou de fantasmes qui alimentaient ses pulsions meurtrières. Cette tendance met en évidence un décalage avec les normes sociétales et un mépris troublant pour la vie humaine.

L'enquête sur les crimes de Shoji a révélé un processus de planification méticuleux et une approche méthodique pour sélectionner et éliminer ses victimes. Les forces de l'ordre ont découvert des preuves suggérant que Shoji menait une surveillance approfondie des cibles potentielles, les traquant avant de commettre des actes de violence. Sa capacité à se fondre dans la société et à échapper aux soupçons a mis en évidence une capacité calculée à dissimuler ses véritables intentions, soulignant les difficultés rencontrées par les autorités pour appréhender les individus qui opèrent sous le radar des méthodes d'enquête conventionnelles.

Les évaluations psychologiques menées au cours de la procédure judiciaire contre Shoji ont mis en lumière son état mental et les facteurs contribuant à son comportement criminel. Les experts ont identifié des traits révélateurs d'un trouble de la personnalité antisociale, caractérisé par un manque d'empathie, une impulsivité et une propension à violer les normes sociétales. Ces résultats ont souligné la complexité de traiter les problèmes de santé mentale dans le contexte de la responsabilité pénale et ont éclairé les considérations concernant les perspectives de condamnation et de réhabilitation de Shoji.

Le processus judiciaire qui a suivi l'arrestation de Shoji visait à le tenir responsable de ses crimes tout en explorant des pistes pour comprendre ses motivations et sa constitution psychologique. Le procès a examiné les preuves contre Shoji, y compris les conclusions médico-légales, les témoignages et ses propres déclarations, pour établir un récit complet de sa culpabilité. La dynamique de la salle d'audience a souligné l'impact profond des actions de Shoji sur les familles des victimes et a souligné l'engagement du système juridique à rendre justice dans les cas de faute criminelle grave.

En 1969, Koichi Shoji a été reconnu coupable de plusieurs chefs de meurtre et condamné à mort, ce qui reflète la gravité de ses délits et la réponse du système judiciaire à sa campagne systématique de violence. La décision du tribunal a souligné la gravité des crimes de Shoji et leur impact durable sur la société japonaise. Son cas continue de susciter des discussions sur le lien entre la pathologie psychologique, les antécédents personnels et le comportement criminel, suscitant des réflexions sur les mesures préventives et les interventions visant à identifier et à répondre aux menaces potentielles posées par des individus présentant des modèles de comportement similaires.

## b. Les meurtres empoisonnés

Les meurtres empoisonnés de Koichi Shoji, commis au Japon dans les années 1960, représentent un chapitre effrayant des annales de l'histoire criminelle, marqué par une planification méticuleuse, une exécution méthodique et un mépris total pour la vie humaine. Né à Tokyo en 1944, la descente dans l'infamie de Shoji a commencé avec son premier meurtre connu en 1966, où il a mortellement poignardé une étudiante universitaire. Cependant, c'est sa méthode ultérieure d'utilisation du poison qui distinguera ses crimes ultérieurs. Le choix du poison de Shoji, en particulier le cyanure de potassium, était remarquable par sa létalité et la nature calculée avec laquelle il l'administrait à des victimes sans méfiance. Cette approche méthodique révélait un niveau de préméditation et une inquiétante capacité à manipuler des substances mortelles.

Les meurtres empoisonnés se sont déroulés sur plusieurs années, au cours desquelles Shoji a méticuleusement planifié chaque meurtre, ciblant les individus qu'il considérait comme des obstacles ou des sources de griefs personnels. Ses victimes comprenaient des connaissances, des collègues et, dans certains cas, des personnes avec lesquelles il avait développé des relations tendues. Le choix par Shoji du cyanure de potassium comme arme de prédilection a souligné à la fois sa connaissance de la chimie et son intention d'assurer des résultats rapides et irréversibles, renforçant la terreur et l'imprévisibilité entourant ses crimes.

L'enquête sur les meurtres empoisonnés de Shoji a posé des défis importants aux forces de l'ordre, étant donné la nature clandestine des empoisonnements et l'absence de preuves matérielles immédiates généralement associées aux crimes violents. Les détectives ont minutieusement reconstitué un schéma de décès liés à Shoji, en tirant parti de l'analyse médico-légale, des témoignages et des preuves circonstancielles pour construire un dossier convaincant contre lui. Chaque décès attribué aux empoisonnements de Shoji révélait un effort calculé pour dissimuler son implication et échapper à toute détection, reflétant sa ruse et sa détermination à éviter tout examen minutieux.

Les examens médico-légaux menés au cours de l'enquête ont joué un rôle crucial dans l'établissement du modus operandi de Shoji et dans son lien avec les empoisonnements. L'analyse d'échantillons toxicologiques provenant des dépouilles des victimes et des traces retrouvées sur les scènes de crime ont fourni des informations essentielles sur la présence et l'administration de cyanure de potassium. Ces découvertes ont non seulement corroboré les soupçons de jeu déloyal, mais ont également souligné la planification méticuleuse et l'intention délibérée derrière les actions de Shoji.

Les procédures judiciaires qui ont suivi l'arrestation de Shoji visaient à démêler les complexités de ses meurtres empoisonnés et à rendre justice aux victimes et à leurs familles. La salle d'audience est devenue une scène pour présenter les preuves cumulatives contre Shoji, y compris les témoignages d'experts, les rapports médico-légaux et les récits détaillant les circonstances de chaque empoisonnement. Les procureurs ont méticuleusement élaboré un récit de la culpabilité de Shoji, soulignant la nature calculée de ses empoisonnements et leurs conséquences dévastatrices pour les victimes et leurs proches.

## c. Drame dans la salle d'audience

Le drame judiciaire entourant le procès de Koichi Shoji au Japon à la fin des années 1960 a captivé l'attention du public et a souligné la gravité de ses meurtres empoisonnés. Alors que Shoji faisait face à de multiples accusations de meurtre, la procédure judiciaire s'est déroulée dans un contexte d'intérêt public accru et de surveillance médiatique. La salle d'audience est devenue un théâtre où les procureurs ont méticuleusement présenté leur cas, en s'appuyant sur une combinaison de preuves médico-légales, de témoignages et d'analyses d'experts pour établir la culpabilité de Shoji au-delà de tout doute raisonnable. Chaque séance a été marquée par un examen minutieux des preuves, les équipes juridiques et les observateurs scrutant chaque détail susceptible d'influencer la perception du jury quant à la culpabilité de Shoji.

Les procureurs ont utilisé stratégiquement les preuves médico-légales pour renforcer leur dossier contre Shoji. Des témoins experts ont fourni des analyses détaillées d'échantillons toxicologiques prélevés sur les victimes, démontrant la présence de cyanure de potassium, un élément clé liant Shoji aux empoisonnements. Ces découvertes scientifiques ont joué un rôle crucial dans l'établissement d'un lien direct entre les actions de Shoji et la mort des personnes qu'il ciblait, renforçant ainsi le récit de l'accusation selon lequel un meurtre prémédité motivé par des griefs personnels et une intention calculée.

Les témoignages ont joué un rôle crucial dans le drame de la salle d'audience, offrant des récits de première main des interactions avec Shoji et mettant en lumière son attitude et son comportement ayant conduit aux empoisonnements. Des témoins ont décrit des rencontres qui ont brossé un tableau de la manipulation et de la tromperie de Shoji, illustrant comment il exploitait les relations et la confiance pour mener à bien ses plans meurtriers. Leurs récits ont contribué à une compréhension plus large des motivations de Shoji et ont fourni un aperçu poignant de l'impact de ses actes sur les familles des victimes et sur la communauté au sens large.

La défense, en revanche, a déployé des efforts vigoureux pour contester le récit de l'accusation et soulever des doutes sur la culpabilité de Shoji. Les stratégies juridiques comprenaient l'examen minutieux des méthodologies médico-légales, le contre-interrogatoire des témoins et la présentation d'interprétations alternatives des preuves. L'équipe de défense a cherché à présenter Shoji comme une victime de preuves circonstancielles et à souligner les incohérences potentielles dans le dossier de l'accusation, dans le but d'introduire un doute raisonnable et d'atténuer la gravité des accusations portées contre lui.

Le drame de la salle d'audience s'est également déroulé sur fond de témoignages émouvants et de récits personnels de victimes survivantes et de leurs familles. Leurs récits poignants ont souligné l'impact profond des crimes de Shoji sur leur vie, donnant une dimension humaine aux procédures judiciaires et renforçant la gravité des accusations portées contre lui. L'émotion était vive lorsque les individus racontaient leurs expériences de perte, de trahison et de traumatisme persistant, amplifiant les enjeux du procès et soulignant le besoin de justice et de responsabilité.

En décembre 1969, le point culminant du drame judiciaire fut le verdict rendu par la justice japonaise. Koichi Shoji a été reconnu coupable de plusieurs chefs d'accusation de meurtre et condamné à mort par pendaison, une décision qui reflète la détermination du tribunal à rendre justice et à faire respecter les normes sociétales de conduite éthique. L'issue du procès a marqué un moment important dans l'histoire juridique du Japon, démontrant la capacité du système judiciaire à traiter des affaires complexes de criminalité avec rigueur et impartialité. Le drame judiciaire entourant le procès de Koichi Shoji reste un témoignage convaincant de l'intersection de la science médico-légale, de la défense des droits et de l'émotion humaine dans la quête de justice pour les victimes et leurs familles touchées par des actes de violence insensés.

# Yukio Yamaji

*a. Une jeunesse en difficulté*

La jeunesse troublée de Yukio Yamaji propose une exploration approfondie des complexités des premières expériences de vie et de leur influence potentielle sur le comportement criminel ultérieur. Né en 1966 au Japon, l'éducation de Yamaji a été semée d'embûches qui ont contribué à une adolescence tumultueuse marquée par la délinquance et les problèmes de comportement. Les rapports indiquent que Yamaji a connu d'importantes discordes familiales et une instabilité au cours de ses années de formation, facteurs qui sont souvent en corrélation avec un risque accru d'inadaptation sociale et de comportement déviant. Ces premières adversités ont ouvert la voie à la trajectoire de Yamaji vers la criminalité, illustrant l'interaction entre les facteurs environnementaux et la propension individuelle à la délinquance.

Tout au long de sa jeunesse, Yamaji a présenté un comportement antisocial caractérisé par l'absentéisme scolaire, la toxicomanie et les conflits avec les figures d'autorité. Ses difficultés à l'école et ses relations tendues avec les membres de sa famille ont encore exacerbé son sentiment d'aliénation et ses troubles émotionnels. Ces modèles de comportement ont souligné les difficultés de Yamaji à se conformer aux normes sociétales et à s'adapter aux attentes conventionnelles, reflétant des vulnérabilités psychologiques et émotionnelles sous-jacentes qui se manifesteraient plus tard par des formes de mauvaise conduite plus graves.

La descente de Yamaji dans la criminalité s'est accentuée au cours de son adolescence, lorsqu'il a commencé à se livrer à des larcins, au vandalisme et à des actes de violence contre ses pairs et des figures d'autorité. Ces actes ont été les premiers indicateurs de sa propension à l'agressivité et de son mépris des limites juridiques et éthiques. Les évaluations psychiatriques menées au cours des procédures judiciaires ultérieures ont révélé des antécédents de troubles du comportement et de troubles émotionnels, fournissant un aperçu des fondements psychologiques de la conduite criminelle de Yamaji.

La transition de la délinquance juvénile vers des infractions pénales plus graves s'est produite lorsque Yamaji s'est impliqué dans des activités illicites dont la gravité et l'ampleur ont augmenté. Des rapports ont documenté des cas où Yamaji a participé à des activités du crime organisé, notamment à l'extorsion et au trafic de drogue, renforçant ainsi son implication dans des réseaux criminels et exacerbant ses démêlés juridiques. Ces activités ont non seulement souligné la polyvalence criminelle de Yamaji, mais ont également mis en évidence les stratégies d'adaptation qu'il a employées pour naviguer dans le monde souterrain et échapper au contrôle des forces de l'ordre.

Les implications de la jeunesse troublée de Yamaji s'étendent au-delà des actes criminels individuels, influençant les perceptions sociétales plus larges et les réponses à la délinquance juvénile. Son cas a suscité des discussions sur l'efficacité des programmes d'intervention visant à s'attaquer aux causes sous-jacentes de la criminalité chez les jeunes, telles que le dysfonctionnement familial, les désavantages socio-économiques et un soutien inadéquat en matière de santé mentale. Les expériences de Yamaji ont souligné l'importance d'une intervention précoce et de systèmes de soutien ciblés pour atténuer les facteurs de risque associés à la délinquance et favoriser le développement positif des jeunes.

Le parcours de Yukio Yamaji vers la grande criminalité a commencé avec ses premiers meurtres et son incarcération qui a suivi, marquant un tournant décisif dans sa vie troublée. En 1985, à l'âge de 19 ans, Yamaji a commis ses premiers homicides, ciblant deux individus dans ce qui a été décrit comme une tentative de vol bâclée à Tokyo. La nature brutale de ces meurtres a choqué à la fois le public et les forces de l'ordre, soulignant la capacité de Yamaji à une violence extrême et les conséquences mortelles de ses activités criminelles. Les meurtres ont souligné une escalade calculée dans le comportement criminel de Yamaji, reflétant un abandon des actes de délinquance antérieurs vers des délits plus graves qui ont entraîné de graves répercussions juridiques.

À la suite des meurtres, l'arrestation de Yamaji par les forces de l'ordre a conduit à son arrestation et à des poursuites. Le processus judiciaire qui a suivi a cherché à élucider les circonstances entourant les homicides et à déterminer la culpabilité de Yamaji pour les crimes. Les procédures judiciaires se sont concentrées sur la collecte de preuves médico-légales, de témoignages et sur l'établissement d'une chronologie complète des événements ayant précédé et suivi les meurtres. Cette approche méticuleuse visait à présenter un dossier convaincant contre Yamaji, détaillant la gravité de ses actes et l'impact profond sur les familles des victimes et la communauté au sens large.

Le procès de Yamaji a été marqué par un examen minutieux des preuves présentées à la fois par l'accusation et par la défense. Les procureurs ont souligné la nature préméditée des meurtres, soulignant l'intention de Yamaji de commettre un vol et le recours à la force meurtrière pour atteindre ses objectifs. Les témoins ont fourni des informations cruciales sur l'attitude et le comportement de Yamaji qui ont conduit aux crimes, offrant des perspectives sur ses motivations et les circonstances entourant ces rencontres fatales. L'atmosphère de la salle d'audience était chargée d'émotion alors que les personnes touchées par les meurtres étaient aux prises avec les conséquences et cherchaient justice pour leurs proches.

Les évaluations psychiatriques menées au cours de la procédure judiciaire visaient à examiner l'état mental de Yamaji au moment des meurtres et à explorer les facteurs atténuants potentiels influençant son comportement. Ces évaluations ont pris en compte l'éducation de Yamaji, ses vulnérabilités psychologiques et tout trouble sous-jacent ayant pu contribuer à sa conduite criminelle. Les résultats de ces évaluations ont fourni une compréhension nuancée des motivations et de la constitution psychologique de Yamaji, éclairant les délibérations judiciaires concernant sa culpabilité et les considérations potentielles en matière de détermination de la peine.

En 1987, Yukio Yamaji a finalement été reconnu coupable de plusieurs chefs de meurtre et condamné à une longue peine de prison, ce qui reflète la gravité de ses crimes et la réponse du système judiciaire à ses actes de violence. La décision du tribunal a souligné l'impact durable des actions de Yamaji sur les familles des victimes et les implications plus larges pour la sécurité publique. Son incarcération a marqué un tournant dans sa trajectoire criminelle, suscitant des réflexions sur l'efficacité des programmes de réadaptation au sein des établissements correctionnels et les défis de la réinsertion sociale des individus reconnus coupables d'infractions graves.

*c. Poursuites judiciaires et détermination de la peine*

Les poursuites judiciaires contre Yukio Yamaji et sa condamnation suite à sa condamnation pour plusieurs meurtres au Japon en 1987 ont marqué une phase critique dans l'administration de la justice et l'application du droit pénal. Le procès a commencé avec la présentation par l'accusation d'un dossier complet contre Yamaji, étayé par des preuves médico-légales, des témoignages et des analyses d'experts. Les procureurs ont méticuleusement reconstitué la séquence des événements ayant conduit aux homicides, soulignant les actions préméditées de Yamaji et l'impact dévastateur sur les victimes et leurs familles. L'atmosphère de la salle d'audience était chargée d'émotion alors que les personnes touchées par les crimes cherchaient à obtenir justice et à tourner la page, soulignant les profondes répercussions sociétales des actes violents de Yamaji.

Tout au long du procès, les preuves médico-légales ont joué un rôle central pour établir la culpabilité de Yamaji au-delà de tout doute raisonnable. Des témoins experts ont fourni des analyses détaillées des preuves sur les lieux du crime, notamment des rapports balistiques, des échantillons d'ADN et des reconstitutions médico-légales, qui ont corroboré le récit de l'accusation selon lequel il y avait une planification délibérée et une intention criminelle. Ces découvertes scientifiques ont non seulement souligné la gravité des infractions commises par Yamaji, mais ont également renforcé l'engagement du pouvoir judiciaire à respecter les normes de rigueur en matière de preuve et d'équité procédurale dans les procédures pénales.

Les témoignages des témoins ont offert un aperçu poignant du comportement de Yamaji, de ses motivations et du contexte plus large entourant les meurtres. Des témoins ont raconté des rencontres avec Yamaji avant et après les crimes, mettant en lumière son comportement, ses interactions avec les victimes et ses tentatives pour échapper à la détection. Leurs témoignages ont donné une dimension humaine à la procédure judiciaire, illustrant l'impact profond des actions de Yamaji sur les personnes directement affectées et sur la communauté au sens large. Ces récits ont joué un rôle crucial en façonnant les perceptions du caractère de Yamaji et en influençant les délibérations judiciaires concernant sa culpabilité et les considérations relatives à la détermination de la peine.

Les évaluations psychiatriques menées au cours du procès visaient à explorer l'état mental de Yamaji et les facteurs psychologiques influençant son comportement au moment des meurtres. Des professionnels de la santé mentale ont évalué le fonctionnement cognitif de Yamaji, sa stabilité émotionnelle et tout trouble psychiatrique sous-jacent qui aurait pu contribuer à sa conduite criminelle. Ces évaluations visaient à fournir une compréhension globale de la constitution psychologique de Yamaji et à éclairer les décisions judiciaires concernant sa responsabilité juridique et les facteurs atténuants potentiels.

En juin 1987, Yukio Yamaji a finalement été reconnu coupable de plusieurs chefs de meurtre et condamné à la réclusion à perpétuité, marquant une issue importante pour le système de justice pénale japonais. La décision du tribunal reflète la gravité des infractions commises par Yamaji et la réponse du système judiciaire aux actes d'une violence extrême. La condamnation a souligné l'engagement du pouvoir judiciaire à administrer la justice conformément aux principes juridiques et aux normes sociétales, en équilibrant les considérations de punition, de dissuasion et de réinsertion dans le contexte de fautes criminelles graves.

Les procédures judiciaires et la condamnation de Yamaji continuent de trouver un écho en tant qu'étude de cas en droit pénal et en science médico-légale, soulignant la complexité du jugement des crimes violents et l'impact durable sur les victimes, les familles et la société dans son ensemble. Son cas suscite des discussions en cours sur l'efficacité des cadres juridiques pour lutter contre les comportements criminels complexes et souligne l'importance des approches fondées sur des preuves pour garantir des résultats justes et équitables dans les procédures judiciaires. Le parcours de Yamaji, de l'arrestation à la condamnation, constitue un rappel poignant des défis multiformes inhérents à l'administration de la justice et de l'impératif permanent de respecter les principes de responsabilité et de sécurité publique au sein du système de justice pénale.

# Genzo Kurita

*a. Les meurtres brutaux*

Les meurtres brutaux de Genzo Kurita, survenus au Japon au début des années 1950, représentent un exemple frappant d'une violence extrême et de son profond impact sur les victimes et la société. Né en 1923 dans la préfecture d'Hiroshima, la jeunesse de Kurita fut banale jusqu'à son enrôlement dans l'armée impériale japonaise pendant la Seconde Guerre mondiale. Ses expériences de guerre, en particulier la dévastation d'Hiroshima suite à la bombe atomique, auraient laissé des cicatrices psychologiques et contribué à sa descente ultérieure dans la violence. Les années d'après-guerre de Kurita ont été marquées par des périodes d'instabilité et de comportement criminel, ouvrant la voie aux actes horribles qui définiraient son héritage.

Les meurtres attribués à Kurita ont commencé en 1953 avec le meurtre d'un commerçant local dans la préfecture d'Hiroshima. La scène du crime a révélé des signes d'une violence extrême, notamment des mutilations et des défigurations, révélatrices de la brutalité croissante de Kurita. Les meurtres ultérieurs ont suivi un schéma similaire, ciblant des individus que Kurita considérait comme des menaces ou des sources de griefs personnels. Son mode opératoire impliquait souvent des attaques surprises et une force excessive, reflétant une rage profondément ancrée et un mépris total pour la vie humaine qui caractérisaient sa conduite criminelle.

Les forces de l'ordre ont été confrontées à d'importantes difficultés pour appréhender Kurita, compte tenu de son mode de vie éphémère et de sa capacité à échapper à la capture pendant de longues périodes. Les efforts de la police se sont concentrés sur la collecte de preuves médico-légales, la conduite d'entretiens approfondis avec des témoins et l'utilisation de techniques d'enquête pour suivre les mouvements de Kurita et identifier les schémas de son comportement. La chasse à l'homme s'est étendue à plusieurs préfectures et a nécessité une collaboration entre différentes juridictions chargées de l'application des lois, soulignant l'ampleur et la complexité de l'enquête sur la vague de violence de Kurita.

Les évaluations psychologiques menées lors de l'arrestation de Kurita ont révélé des informations troublantes sur son état mental et les facteurs contribuant à son comportement criminel. Les experts ont noté des signes de troubles psychologiques graves, notamment des délires paranoïaques et une propension à la violence extrême, qui ont mis en lumière les motivations de Kurita et les facteurs psychologiques sous-jacents alimentant ses actes meurtriers. Ces évaluations ont éclairé les procédures judiciaires ultérieures et ont souligné la complexité de la résolution des problèmes de santé mentale graves au sein du système de justice pénale.

Le procès de Kurita a attiré l'attention et l'attention du public alors que les procureurs ont présenté un dossier convaincant contre lui, détaillant les preuves le liant à de multiples homicides et soulignant la brutalité de ses crimes. Des témoins ont fourni des récits effrayants de rencontres avec Kurita et ont décrit les conséquences de ses attaques, soulignant l'impact profond sur les familles des victimes et sur la communauté dans son ensemble. Les débats en salle d'audience sont devenus un forum pour affronter les implications des actions de Kurita et demander justice pour ceux qui ont été touchés par son règne de terreur.

*b. Procès et exécution*

Le procès et l'exécution de Genzo Kurita au Japon au milieu des années 1950 ont marqué le point culminant d'un processus judiciaire visant à répondre à ses crimes odieux et à faire respecter les normes sociétales de justice et de responsabilité. Après son arrestation et son inculpation pour plusieurs chefs d'accusation de meurtre, le procès de Kurita a commencé dans un contexte d'intérêt et d'examen minutieux du public. Les procureurs ont méticuleusement présenté les preuves liant Kurita aux meurtres brutaux, notamment des analyses médico-légales, des témoignages et des récits de scènes de crime caractérisées par une violence et des mutilations extrêmes. Les débats en salle d'audience sont devenus un point central pour lutter contre la gravité des infractions commises par Kurita et chercher réparation pour les victimes et leurs familles touchées par son règne de terreur.

Les procédures judiciaires contre Kurita ont été marquées par la rigueur procédurale et le respect des principes d'une procédure régulière, soulignant l'engagement du Japon à garantir une justice juste et impartiale. Les avocats de la défense ont monté une défense vigoureuse, contestant les preuves de l'accusation et mettant l'accent sur les facteurs atténuants liés à l'état mental de Kurita et à son traumatisme de guerre. Des témoins experts ont donné un aperçu du profil psychologique de Kurita, soulignant les problèmes sous-jacents de traumatisme et de troubles psychologiques qui ont influencé son comportement criminel. Ces aspects du procès ont souligné la complexité de concilier la responsabilité juridique avec les considérations de santé mentale et de culpabilité dans les affaires impliquant une conduite criminelle grave.

Les témoignages ont joué un rôle central dans la perception de la culpabilité de Kurita et de l'impact de ses crimes sur la communauté. Les survivants des attaques de Kurita et les proches des victimes ont livré des récits émouvants de la dévastation provoquée par ses actes, soulignant le traumatisme profond et durable vécu par les personnes directement touchées. Leurs témoignages ont trouvé un écho auprès du tribunal et du public, renforçant la gravité des infractions commises par Kurita et l'impératif de rendre justice pour les vies perdues et irrémédiablement blessées.

La phase de détermination de la peine du procès de Kurita a délibéré sur la punition appropriée, proportionnelle à la gravité de ses crimes. Les procureurs ont plaidé en faveur de la peine maximale, citant la nature odieuse des meurtres de Kurita et la nécessité de dissuader des actes de violence similaires. Les arguments de la défense étaient centrés sur la santé mentale de Kurita et les circonstances atténuantes entourant ses expériences en temps de guerre, appelant à la clémence dans la détermination de la peine. Les délibérations judiciaires ont soigneusement pesé ces facteurs, équilibrant les exigences de justice avec les principes de miséricorde et le potentiel de réhabilitation.

En juillet 1956, Genzo Kurita fut finalement reconnu coupable de tous les chefs d'accusation de meurtre et condamné à mort par pendaison, un verdict qui reflétait la détermination du tribunal à imposer la peine la plus sévère prévue par la loi japonaise. La décision a souligné l'engagement du pouvoir judiciaire à faire respecter les normes sociétales de conduite éthique et à garantir que les actes d'extrême violence soient tenus responsables. L'exécution imminente de Kurita a suscité une réflexion sur l'efficacité de la peine capitale en tant que moyen de dissuasion et sur ses implications morales dans le contexte de la justice pénale.

L'exécution de Genzo Kurita en 1957 a marqué le dernier chapitre de sa vie tumultueuse et de sa saga criminelle. L'application de la peine de mort a souligné l'approche adoptée par le Japon pour lutter contre les comportements criminels graves et a réaffirmé l'autorité de l'État à administrer la justice conformément aux normes juridiques et aux attentes de la société. Le cas de Genzo Kurita continue de résonner comme un rappel poignant des conséquences durables des crimes violents et des complexités inhérentes à la navigation aux intersections du droit, de la justice et du comportement humain au sein du système de justice pénale.

# Norio Nagayama

*a. Frénésie de meurtres*

La vague de meurtres perpétrés par Norio Nagayama au Japon dans les années 1960 et 1970 représente un chapitre poignant de l'histoire criminelle, caractérisé par une série d'actes de violence qui ont choqué la nation. Né en 1949 à Tokyo, le début de la vie de Nagayama a été marqué par l'adversité, notamment un environnement familial tumultueux et des difficultés académiques. Sa descente dans la criminalité a commencé dès son adolescence, marquée par de petits larcins et une délinquance juvénile, qui préfiguraient l'escalade vers des délits plus graves plus tard dans la vie. La trajectoire criminelle de Nagayama a culminé avec une série de meurtres commis entre 1968 et 1969, ciblant des individus dans divers endroits du Japon, chacun caractérisé par une planification méticuleuse et une exécution impitoyable.

Les meurtres attribués à Nagayama reflétaient une escalade de la violence et une planification méthodique. Ses victimes comprenaient des connaissances, des inconnus et des individus perçus comme des obstacles ou des menaces. Le modus operandi de Nagayama impliquait souvent des armes à feu, soulignant sa volonté de recourir à la force meurtrière pour atteindre ses objectifs. La brutalité de ses crimes et l'absence apparente de remords ont mis en évidence un mépris profond pour la vie humaine et les frontières éthiques qui régissent les normes sociétales.

Les forces de l'ordre ont été confrontées à d'importantes difficultés pour appréhender Nagayama, compte tenu de son style de vie éphémère et de sa capacité à échapper à la capture pendant une période prolongée. La chasse à l'homme s'est étendue à plusieurs préfectures et a nécessité une coordination entre diverses juridictions policières, soulignant l'ampleur et la complexité de l'enquête sur la vague de violence de Nagayama. Les détectives ont eu recours à des analyses médico-légales, à des entretiens avec des témoins et à des tactiques de surveillance pour suivre les mouvements de Nagayama et rassembler des preuves le liant aux meurtres. Ces efforts ont souligné la persévérance et la détermination des forces de l'ordre à obtenir justice pour les victimes et leurs familles.

L'arrestation de Nagayama en 1970 a marqué un tournant dans l'enquête, incitant à un examen approfondi de ses antécédents et des motivations des meurtres. Les évaluations psychiatriques menées au cours de la procédure judiciaire visaient à découvrir les facteurs psychologiques sous-jacents contribuant au comportement criminel de Nagayama. Les experts ont évalué son état mental, sa stabilité émotionnelle et tout trouble potentiel ayant pu influencer sa prise de décision et sa capacité à commettre des actes de violence. Ces évaluations ont fourni des informations cruciales sur la psyché de Nagayama et ont éclairé les délibérations judiciaires concernant sa culpabilité juridique et les considérations potentielles en matière de condamnation.

Le procès de Norio Nagayama a captivé l'attention et la surveillance du public alors que les procureurs ont présenté des arguments convaincants contre lui, détaillant les preuves le liant à de multiples homicides et soulignant l'impact de ses crimes sur les victimes et leurs familles. Les témoignages ont fourni des récits effrayants de rencontres avec Nagayama et ont décrit les conséquences de ses attaques, soulignant les conséquences dévastatrices de ses actes sur les individus et les communautés. Les débats en salle d'audience sont devenus un forum pour lutter contre les implications éthiques, juridiques et sociétales du règne de terreur de Nagayama et pour demander justice pour ceux qui ont été touchés par ses actes impitoyables.

## b. Arrestation et analyse psychologique

L'arrestation de Norio Nagayama et l'analyse psychologique qui a suivi ont mis en lumière les complexités qui sous-tendent son comportement criminel violent, donnant un aperçu de ses motivations et de son état mental au moment de son arrestation. À la suite d'une chasse à l'homme à l'échelle nationale, Nagayama a été arrêté en 1970 pour une série de meurtres commis entre 1968 et 1969 dans divers endroits du Japon. Sa capture a marqué un tournant critique dans l'enquête, incitant à un examen approfondi de ses antécédents, de son profil psychologique et des facteurs ayant contribué à sa descente dans la violence.

Les évaluations psychiatriques menées au cours de la procédure judiciaire contre Nagayama visaient à démêler les fondements psychologiques de sa conduite criminelle. Des experts en santé mentale ont évalué le fonctionnement cognitif, la stabilité émotionnelle et les troubles psychiatriques sous-jacents de Nagayama qui auraient pu influencer son comportement. Ces évaluations ont révélé des informations troublantes sur la psyché de Nagayama, mettant en évidence des signes de tendances antisociales, de détachement émotionnel et d'une propension à l'agressivité. Ces découvertes ont souligné l'interaction complexe des facteurs psychologiques qui façonnent la prise de décision de Nagayama et sa capacité à commettre une violence extrême.

Les psychologues légistes se sont penchés sur l'éducation et les premières expériences de Nagayama pour contextualiser son comportement criminel. Les rapports ont indiqué une enfance troublée marquée par des discordes familiales, l'isolement social et des difficultés scolaires, facteurs connus pour être en corrélation avec un risque accru de délinquance et de comportement antisocial. Ces premières adversités ont fourni une toile de fond pour comprendre la trajectoire ultérieure de Nagayama vers la criminalité, illustrant l'impact cumulatif des expériences de vie défavorables sur le développement psychologique et les résultats comportementaux.

L'arrestation de Nagayama a incité à réexaminer ses interactions avec les forces de l'ordre et le public, révélant des schémas de tromperie et d'évasion qui caractérisaient ses efforts pour échapper à la capture. Les interrogatoires de police visaient à extraire des informations cruciales sur les motivations de Nagayama pour les meurtres, ses méthodes opératoires et tout complice ou collaborateur potentiel. Ces interrogatoires ont fourni des informations précieuses sur l'état d'esprit et la réflexion stratégique de Nagayama, offrant un aperçu des raisons qui sous-tendent ses actions criminelles et de ses efforts pour maintenir l'anonymat et éviter d'être détecté.

Le processus juridique entourant l'arrestation de Nagayama et les évaluations psychiatriques ultérieures ont mis en évidence les défis liés à la lutte contre les comportements criminels graves dans le cadre du système de justice pénale japonais. Les autorités ont réussi à trouver un équilibre entre les considérations de culpabilité juridique et les évaluations de la santé mentale et du bien-être psychologique, dans le but de parvenir à une compréhension nuancée des actions et des motivations de Nagayama. L'intégration de la psychiatrie légale dans les procédures judiciaires a mis en évidence le rôle évolutif de l'expertise en santé mentale pour éclairer la prise de décision judiciaire et garantir des résultats justes et équitables dans les affaires impliquant des comportements criminels complexes.

# CONCLUSION

En conclusion, les récits de ces tueurs en série notoires au Japon offrent un panorama effrayant de la dépravation humaine et des profonds impacts de leurs crimes sur les individus, les familles et la société. Chaque chapitre a approfondi les détails complexes de leurs actes odieux, depuis les meurtres brutaux orchestrés par des individus comme Tsutomu Miyazaki et Norio Nagayama jusqu'aux meurtres calculés par des auteurs tels que Genzo Kurita et Akira Nishiguchi. Ces histoires éclairent non seulement les recoins les plus sombres de la psyché humaine, mais soulignent également la complexité de l'application des lois, des procédures judiciaires et des réponses sociétales face à une violence aussi extrême.

Tout au long de ce livre, nous avons examiné les défis d'enquête auxquels sont confrontés les organismes chargés de l'application de la loi, les subtilités juridiques des procès et de la détermination de la peine, ainsi que les évaluations psychologiques visant à démêler les motivations et l'état mental de ces auteurs. Chaque cas a mis en lumière différentes facettes du comportement criminel – depuis les troubles psychologiques et les expériences traumatisantes jusqu'aux facteurs sociétaux et aux griefs personnels – qui ont contribué à la commission de ces atrocités.

En outre, les implications juridiques et éthiques de la peine capitale au Japon ont été examinées à la lumière de ces affaires, suscitant des réflexions sur l'efficacité de ces mesures en tant que mesures dissuasives et instruments de justice. L'intersection de la médecine légale, de l'évaluation psychiatrique et de la procédure judiciaire a été explorée pour comprendre comment ces disciplines convergent dans la quête de la vérité et de la justice.

En fin de compte, les histoires racontées dans ce livre servent de mises en garde, nous rappelant l'importance de la vigilance contre les crimes violents, l'impératif de soutenir les victimes et leurs familles, et les défis constants pour s'attaquer aux causes profondes du comportement criminel. En examinant ces cas en détail, nous nous efforçons non seulement de comprendre les actions de ces individus, mais également de chercher des moyens d'empêcher que de telles tragédies ne se reproduisent dans nos communautés. Alors que nous sommes confrontés aux complexités de la nature humaine et aux cadres juridiques conçus pour protéger la société, ces récits nous obligent à réfléchir à la quête persistante de justice et à la résilience des personnes touchées par ces profonds actes de violence.

www.ingramcontent.com/pod-product-compliance
Lightning Source LLC
Chambersburg PA
CBHW061054250726

48653CB00001B/402